Une belle plante
by Marguerite Tiberti, Capucine Mazille

All rights reserved.
Copyright 2011 © Les Editions du Ricochet
Korean Translation Copyright © 2012 by DASAN Publishers House, Seoul, Korea
This Korean edition was published by arrangement with Les Editions du Ricochet, France through Milkwood Agency, Seoul, Korea

이 책의 한국어판 저작권은 밀크우드 에이전시를 통한 Les Editions du Ricochet와의 독점 계약에 의하여 다산기획에 있습니다.
신 저작권법에 의하여 한국 내에서 보호를 받는 저작물이므로 무단 전재와 무단 복제를 금합니다.

내가 첫 식물책

마르그리트 티베르티 글
카푸신 마지오 그림
이효숙 옮김

씨앗 한 톨에서 모든 것이 시작돼요!

암탉이 좋아하는 옥수수 알갱이,
후~ 불면 날아가 버리는 민들레 씨,
작은 날개가 달린 단풍나무 씨앗,
고소한 잣이 들어 있는 잣나무 씨앗,
밥에 넣어 먹는 강낭콩,
딱딱한 복숭아 씨, 배꼽과 살구 씨,
굵고 달콤한 밤과 도토리 알맹이,
쌀과 땅콩.

민들레

옥수수

풍성한 열매는 씨앗의 보금자리!

단단한 껍질과 풍성한 열매살이 씨와 씨앗을 보호해요.
호두와 개암열매의 껍질, 강낭콩과 완두콩 꼬투리, 복숭아, 오렌지, 포도, 사과, 토마토와 올리브 열매살, 열매는 씨들의 보금자리예요.

완두콩
피망올
토마토
사과
포도
오렌지

씨앗과 열매가 땅에 떨어지면!

팡! 꼬투리가 벌어지면서 강낭콩이 땅바닥에 흩어졌어요.
털썩! 잘 익은 복숭아가 땅에 떨어져 열매살이 으깨졌어요.
그런 다음 씨앗은 흙 속에 묻혀요.
바싹 마른 씨앗이 추운 겨울 동안 잠을 자요.
매서운 추위에 꽁꽁 얼어붙지 않게 조심해요.

파릇파릇 새싹이 났어요!

겨울이 지나갔어요.
단비가 내리고,
따스한 햇살이 비치자
조그만 씨앗이
땅을 뚫고 나왔어요.

강낭콩 씨앗에서 어린뿌리가 조금씩 자라요.
땅속으로 길이 파고들어 갑니다.
어린뿌리는 잔뿌리를 만들며 튼튼한 뿌리로 자라요.
줄기가 땅을 뚫고 나오고, 씨앗이 벌어지더니……
떡잎 두 장이 살며시 나왔어요.

쑥쑥 자라는 줄기, 여러 가지 모양의 잎!

막대처럼 곧은 줄기,
바닥에서 기는 줄기, 나무에 기어오르는 줄기.
줄기가 자라면 이파리들이 줄기를 장식해요.
깃털 모양, 바늘 모양, 심장 모양, 창 모양의
이파리들이 하나씩 하나씩 나와요.
잎들은 서로 마주 보기도 하고,
뭉쳐나기도 해요.

청미래
노박덩굴
둥굴레
으아리
메꽃
인동초

식물은 얼마나 오래 살까요?

어떤 식물들은 1년밖에 살지 못해요.
어떤 식물들은 오랜 세월을 견뎌내고요.
오래 사는 식물은 줄기가 굵어요.
줄기에는 많은 가지들이 달려 있고요.
바로 나무가 오래 사는 식물이에요!

땅속으로 뻗은 뿌리랍니다

식물은 뿌리를 뻗어서 흙에 달라붙어요.
그중에서 당근이나 무같이 통통한 뿌리들은
맛있게 먹을 수 있는 뿌리예요.

야고비니리

히아신스

데이지

무

순무

당근

삼색제비꽃

초록 잎이 있으니까!

식물은 공기 중의 이산화탄소를 먹고 살아요.
이산화탄소를 양분으로 만들지요.
잎이 초록색이라서 할 수 있는 거예요!
잎 속의 초록색 엽록소는 햇빛을 이용하는 자연 색소예요.
햇빛에서 광합성에 필요한 에너지를 얻어요.

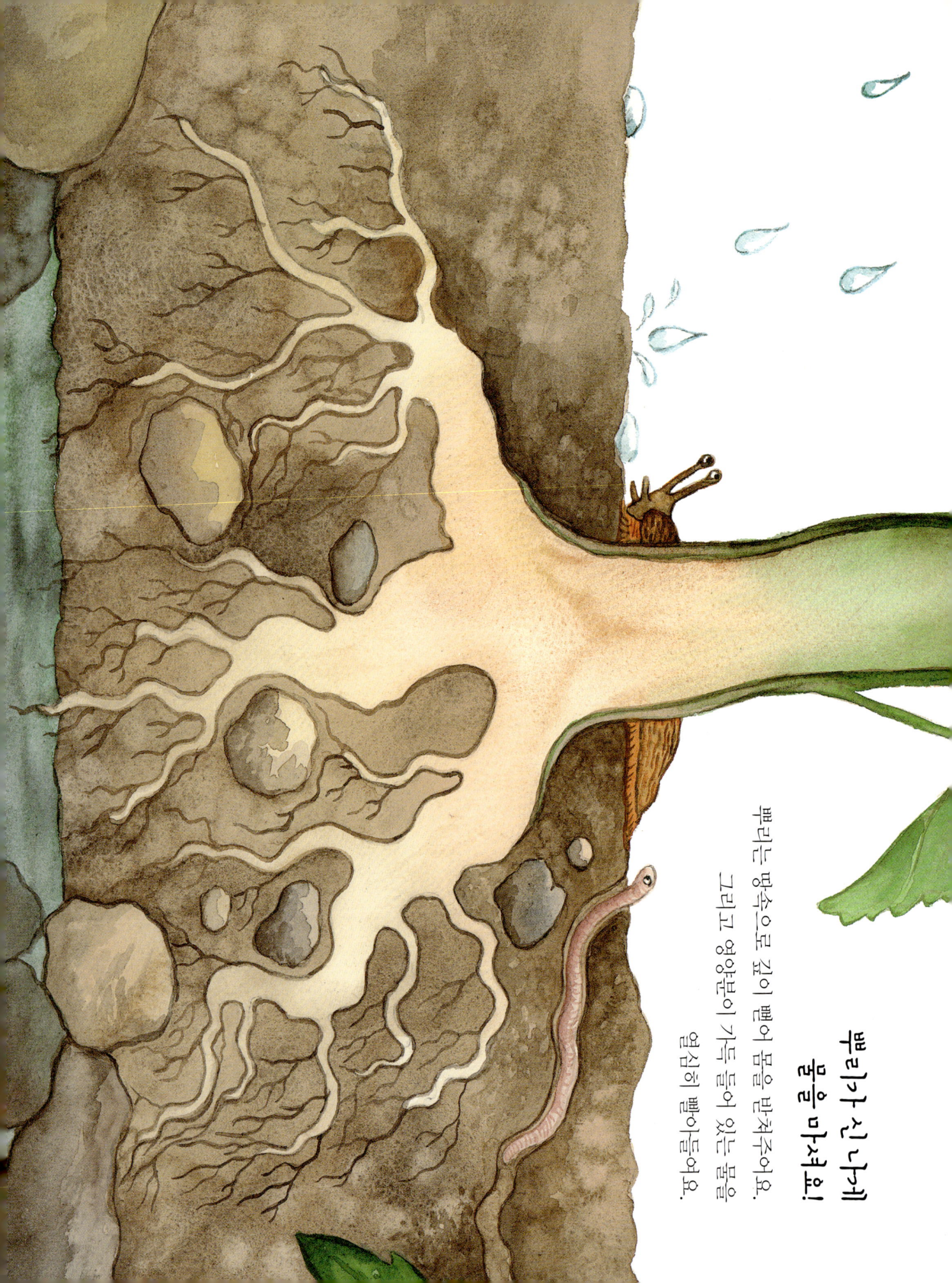

뿌리가 신나게
물을 마셔요!

뿌리는 땅속으로 길이 뻗어 물을 받쳐주어요.
그리고 영양분이 가득 들어 있는 물을
열심히 빨아들여요.

햇살과 물, 이산화탄소로 광합성을 하자!

모든 식물은 광합성을 해요.
햇빛을 받아 이산화탄소와 물로 당분을 만들지요.
이렇게 얻은 당분과 뿌리가 빨아들인 영양분으로
식물은 스스로 단백질을 만들어내요.

이렇게 만든 영양이 풍부한 수액을 몸 전체에 골고루 나눠줍니다.

폐품

열려라, 꽃!

꽃잎이 활짝 열려요.
꽃받침이 꽃잎을 받쳐줘요.
꽃은 식물의 생식을 위해 꼭 필요해요.

바람아, 벌아! 꽃가루받이를 도와줘!

대부분의 꽃에는 암술과 수술이 함께 있어요.
그래도 꽃가루받이를 할 때는
한 꽃의 수술에 있는 꽃가루를
다른 꽃의 암술머리에 전해야 해요.
바람과 나비, 새와 벌별이 할 일이지요!

튤립

암술

수술과 꽃가루

씨방과 밑씨

미나리아재비

꽃가루받이가 끝나고,

꽃이 지면······
열매가 열리고,
씨앗을 맺어요.

개양귀비

선옹초

수많은 꽃들이 모인 통꽃!

민들레나 해바라기는 하나의 꽃으로 보이지만,
사실은 줄기 하나에 무수히 많은 꽃들이 달린 통꽃이에요.
꽃의 수만큼 열매도 열리고, 씨앗도 많이 맺어요.

민들레

생명은 늘 다시 태어나요!

땅속의 씨에서 싹이 나 자라고,
꽃이 피고 열매를 맺으며,
열매의 씨가 다시 땅에 떨어져요.
식물의 한살이는 돌고 또 돌고,
생명의 순환을 계속하지요.

시물을 더 많이 알아봐요!

꽃이 피는 식물은 꽃을 피워 씨앗을 맺는 식물이에요.
꽃식물이나 종자식물이라고도 하는데, 씨앗으로 번식하지요.
씨앗이 열매로 싸여 있는 식물은 속씨식물과 소나무 같은 바늘잎나무처럼 씨앗이 드러나 있는 겉씨식물이 있어요.
겉씨식물의 씨앗은 솔방울이나 잣송이가 벌어지면서 떨어집니다.
꽃이나 열매도 없고 씨앗도 없는 고사리나 이끼는 꽃이 피는 식물의 먼 친척이에요.

민들레와 튤립, 장미와 사과나무, 목련과 해바라기……
꽃식물의 모양과 수명은 무척 다양하고, 모두 같은 과정을 따라 한살이를 해요.
씨앗이 싹트고 줄기가 자라서 잎사귀들이 달린대며,
꽃들이 활짝 피어나 꽃가루받이를 하고,
씨앗이 만들어지고 땅에 떨어지면 다시 씨앗에서 싹이 트지요.

우리가 즐겨 먹는 채소도 식물이에요.
감자 콩이나 토마토 같은 씨와 열매를 먹고, 뿌리인 당근도 먹어요. 김치는 배추의 잎으로 담그고요.
이렇게 식물은 잎과 줄기, 꽃과 열매, 뿌리로 되어 있어요.

꽃가루받이

씨

열매

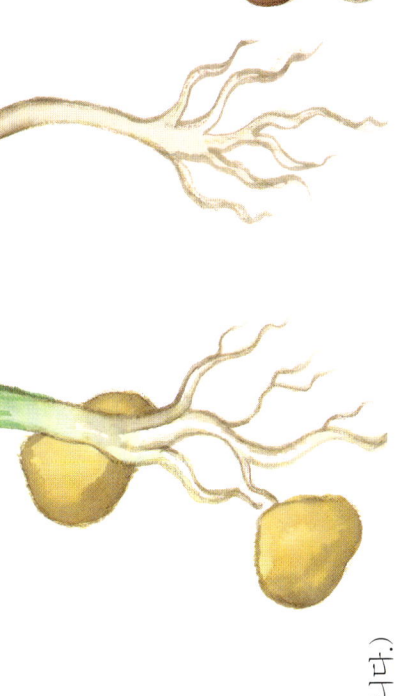

쌍떡잎식물

외떡잎식물

강낭콩 콩알은 씨앗입니다. 강낭콩이 움트면서 떡잎 두 장이 나옵니다.

강낭콩, 토마토, 멜론, 장미 같은 범주에 대부분과 큰 나무들은 떡잎이 두 장 나오는 **쌍떡잎식물**입니다.

쌍떡잎식물은 잎사귀가 넓고, 잎맥은 그물처럼 갈래가 많아요.
꽃잎의 수는 너덧 개이고, 암술과 수술이 있어요.

옥수수와 쌀, 종려나무와 바나나나무, 난초과 식물은 떡잎이 한 개밖에 나오지 않는 **외떡잎식물**입니다.

외떡잎식물의 잎사귀는 대체로 날씬하고, 잎맥은 나란히 줄지어 있어요.
꽃잎과 수술은 세 개씩이거나 3의 배수입니다.

(종려나무 같은 식물들은 나무처럼 보이지만, 진짜 줄기를 가진 나무는 아니랍니다.)

생명체 중에서 초록 식물과 녹조류의 해조류만 **광합성**을 할 수 있어요.

식물은 광합성으로 공기 중의 이산화탄소로부터 영양분을 만들 수 있습니다.

이 일을 하기 위해 필요한 것은 물과 햇빛뿐이에요.

광합성 덕분에 식물은 다양한 조직을 만들며 자라요.

식물은 초식동물이 먹는 식량이 되고, 초식동물은 육식동물의 먹이가 되어요.

광합성은 또 다른 멋진 일도 해요. 산소를 만들어낸답니다!

행복은 결코 혼자 오지 아니듯, 광합성 작용으로 식물들은 호흡하느라 소비한 산소보다 더 많은 산소를 만들어냅니다.

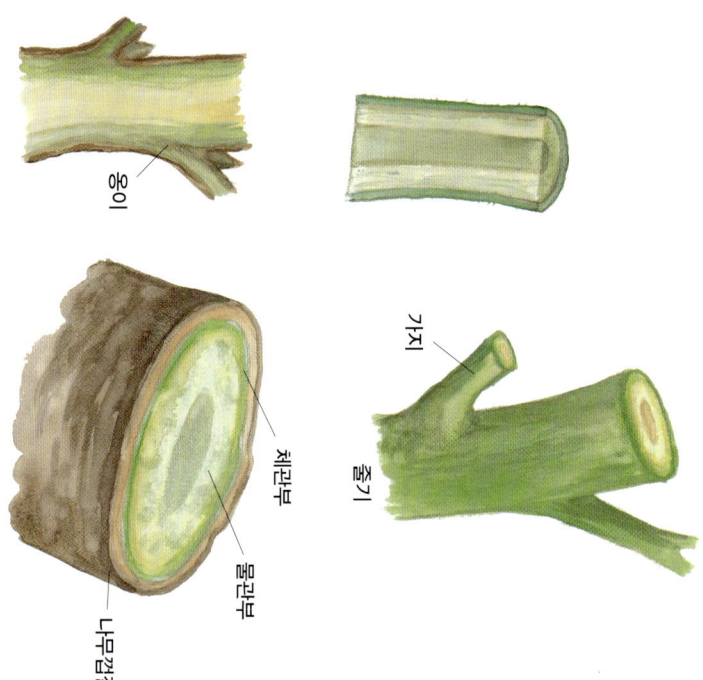

옹이

가지

줄기

체관부
물관부
나무껍질

식물은 땅에서 길어 올린 물을 물관부를 통해서 조그만 부분에까지 옮깁니다. **물관부**는 물관과 헛물관, 목질 등으로 나무 몸통의 중심을 차지합니다. 잎에서 만든 단분과 단백질은 나무껍질 바로 아래에 있는 **체관부**에서 운반합니다. 이 중 일부는 씨앗, 뿌리, 덩이줄기 같은 저장기관에 보내집니다. 하지만 자라는 동안에는 줄기한테 영양분을 보냅니다.

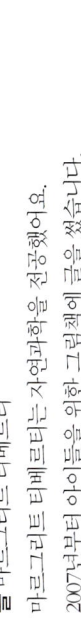

글 마르그리트 티베르티
마르그리트 티베르티는 자연과학을 전공했어요.
2007년부터 아이들을 위한 그림책에 글을 썼습니다.

그림 카퀴신 마지오
카퀴신 마지오는 1953년에 네덜란드에서 태어나, 헤이그의 왕립아카데미에서 공부하였습니다.
그 후, 캐나다와 미국에서 여러 고전과 판타지 작품들을 공부하면서 많은 그림을 그렸습니다.

옮김 이효숙
연세대학교 불어불문학과를 졸업하고, 프랑스 파리 소르본 대학에서 프랑스문학으로 석사와 박사학위를 받았습니다.
옮긴 책으로는 《과학, 재미있잖아!》 시리즈의 《방사능이 도대체 뭘까?》, 《화산은 어떻게 폭발할까?》, 《감정은 왜 생길까?》를 비롯하여, 《어린이를 위한 식물의 역사와 미래》, 《지구 환경 캠페인》 등이 있습니다.

나의 첫 식물책

초판 인쇄 2012년 7월 12일 | **초판 발행** 2012년 7월 24일
글 마르그리트 티베르티 | **그림** 카퀴신 마지오 | **옮김** 이효숙
펴낸이 진선희 | **펴낸곳** 도서출판 나산기획 | **등록** 제313-1993-103호
주소 (121-841) 서울 마포구 서교동 451-2 | **전화** 02-337-0764 | **전송** 0505-115-0764
ISBN 978-89-7938-072-9 73400

* 잘못 만들어진 책은 바꿔 드립니다.